Disney

La Reine des Neiges

MON HISTOIRE du soir

Le fantôme d'Arendelle

hachette
JEUNESSE

Olaf explore la bibliothèque du château.
– Anna, regarde ce livre rose ! s'écrie-t-il joyeusement. De quoi parle-t-il ?
– De fantômes, répond Anna.
– J'adore les fantômes ! Mais qu'est-ce que c'est ?

– Un fantôme, c'est... Attends, j'ai une idée !
Anna entraîne Olaf dans le bureau de sa sœur.
– Elsa, dit-elle, Olaf ne connaît pas les fantômes.
Si on campait dans le château ce soir
pour les guetter ?

Elsa est partante. Aussitôt, elle rassemble des provisions tandis qu'Anna court chercher des oreillers et des couvertures. Puis les deux sœurs conduisent Olaf dans une aile abandonnée du château.

Ils entrent dans une petite pièce sombre.
– On va commencer par faire du feu,
explique Anna.
Pour éviter qu'Olaf ne fonde, Elsa fait apparaître
un petit nuage de neige au-dessus de sa tête.

Les trois amis s'installent ensuite devant
la cheminée. Après un bon pique-nique,
Elsa ouvre le livre d'Olaf :
– Par une nuit noire, commence-t-elle,
un fantôme errait dans le château d'Arendelle…

Elle s'interrompt en voyant qu'Anna s'est endormie.
– Olaf, moi aussi, je suis fatiguée, ajoute-t-elle
en se glissant sous sa couverture.
Nous chercherons les fantômes demain.

Olaf, lui, continue à penser aux fantômes. Puisqu'ils sortent la nuit, il décide d'explorer les couloirs du château.

– Fantômes ! les appelle-t-il. Mon nom est Olaf et j'aimerais être votre ami !

Le bonhomme de neige se trouve à présent
en haut d'un escalier. Mais dans l'obscurité,
il ne s'en rend pas compte et trébuche.
Il dévale les marches dans un grand fracas.

BOUM BADABOUM !

Le vacarme réveille les deux sœurs en sursaut.
– Que se passe-t-il ? s'inquiète Elsa.
– Et où est Olaf ? ajoute Anna.
Sans perdre un instant, elles se précipitent à la recherche de leur ami.

– Oooh, appelle une petite voix en bas de l'escalier.
– On dirait un fantôme, chuchote Anna.
– Allons voir ça de plus près, lui répond
Elsa à voix basse.
Elles descendent les marches en silence.

En bas, elles trouvent une forme cachée
sous un drap blanc.
– Nous venons en amies, lui dit Elsa
en l'éclairant de son chandelier.
– Moi aussi, je veux être votre ami ! répond
la petite voix sous le drap.

– Est-ce que vous êtes des fantômes ? ajoute la voix. Ravi de vous rencontrer ! J'adore les câlins, et vous ?
Rassurées, Anna et Elsa échangent un regard complice.

D'un geste vif, Elsa soulève le drap.
– Oh, je peux voir de nouveau ! s'écrie Olaf.
Merci, fantôme qui ressemble à Elsa.
– Olaf, c'est moi, réplique-t-elle en riant.
– Et moi, je suis Anna, ajoute sa sœur.

Après un câlin collectif, Olaf s'interroge :
– Est-ce que nous avons fait une chasse aux fantômes ?
– Tout à fait, approuve Elsa. Tu es le meilleur bonhomme de neige fantôme qu'on ait vu à Arendelle !

Près de 100 histoires
pour s'endormir en douceur.

Mise en page : Célia Cousty
Traduction et adaptation : Emmanuelle Caussé

Édité par Hachette Livre – 58, rue Jean Bleuzen – 92178 Vanves Cedex
Imprimé par Macrolibros en Espagne – Achevé d'imprimer : novembre 2020
ISBN : 978-2-01-625790-6 - Édition : 06 – Dépôt légal : avril 2018
Loi n°49-956 du 16 juillet 1949 sur les publications destinées à la jeunesse.

Pour tout renseignement concernant nos parutions, nous contacter par téléphone au 01 43 92 38 88 ou par e-mail : disney@hachette-livre.fr

Pour l'éditeur, le principe est d'utiliser des papiers composés de fibres naturelles, renouvelables, recyclables et fabriquées à partir de bois issus de forêts qui adoptent un système d'aménagement durable. En outre, l'éditeur attend de ses fournisseurs de papier qu'ils s'inscrivent dans une démarche de certification environnementale reconnue.